그렇게
살아가는 거야

김건일 Ⅲ시집

을지출판공사

▩ 시인의 말

세상 올 때 부모로부터 고고의 소리 내며 고귀하게 태어났고, 그렇게 힘든 세상 살면서 예수님을 믿어 구원받아 두 번 태어나고, 시인으로 부상하면서 세 번을 태어나야 한다고 생각합니다.

시인은 세상에 무엇을 할 것인가 끊임없이 연마 담금질하여 세상 아픔을 안아 주는 따뜻한 마음 가지고 이전 삶을 모아 성인과 같은 마음으로 내일의 삶을 바라보며 살아가야 한다고 여겼습니다.

잠시도 쉬지 않아야 하며, 말 한마디, 행동, 생각, 베풂도 시인이 가야 할 길이고, 특히 시는 짧은 인생에 긴 여운을 기적이 울리듯, 두고두고 가슴에 남겨 주어, 힘든 삶에 고운 마음의 여운을 두고두고 남기리라.

우리 모두는 좋은 시를 한 편, 한 편, 우리들 가슴에 간직하며, 시를 통해 큰 기쁨으로 살아가는 삶이면 좋겠습니다.

2022년 9월에

김 건 일

■ 서문

동방에 뜨는 새로운 별

최 양 희

〈문학평론가 · 한내문학 이사장〉

이번에 김건일 시인께서는 본인의 시상은 서정과 추억이 깃든 자연 세계와 우주의 영적 세계를 넘나들면서 『그렇게 살아가는 거야』라는 제3시집을 출간한다.

김건일 시인은 시인으로 등단하자마자, 제1시집 『그러려니 하고』를 출간한 뒤 제2시집 『네가 꽃이었구나』를 출간, 이번에 『그렇게 살아가는 거야』라는 세 번째 시집까지 출간한다.

시인이 제3시집까지 낸다는 것은 결코 쉬운 일이 아닌데, 이것은 누구나 놀랄 만한 사실이다. 시로 등단한 후 3년 동안 해마다 시집을 출간하는 것을 보면서, 필자는 한국 문단에 크게 외치고 싶다. 김건일 시인은 "동방에 뜨는 새로운 별"이라고 외치는 바이다.

그럼 우선 김건일 시인의 〈꽃〉에 대한 시부터 함께

공유해 보기로 하자.

봄꽃
아가 꽃

여름 꽃 님과 한몸
불타는 꽃

가을 꽃 우수의 꽃
겨울 꽃 행복한 소록 꽃

—〈꽃〉 전문

〈꽃〉에 대한 시상을 이렇게 표현했다. 위 시를 보면 단번에 깊은 명상으로 이끄는 꽃에 대한 시상들이 한 순간에 번뜩! 하고 와 닿는다. 바로 우리네 인간은 이것이었다. 본인 시심에서 우러나는 자신의 삶을 긍정적으로 보고 느끼는 평범한 소재와 일상적인 사물을 예리하게 시로 승화시킨 "동방에 뜨는 새로운 별"이었다.

다음은 〈아버지〉의 시를 보아도 단아하고도 특별한 시이다.

법이 울고 간
아버지
이젠 나도
아버지

지구는
꽃 질 날 없어라.
—〈아버지〉 전문

시인이 자기의 관념이나 정서를 시로 표현하기 위해서는 비유법을 활용하거니와, 비유적 이미지를 원관념을 대신하는 시적 상관물로 구체화하여 십분 활용하고 있다는 점인데, 위 시만 보더라도, 시인 자신만이 느끼는 "아버지"에 대한 그리움을 문맥화시킨 시인데, 상당한 훈련과 학습 없이는 어렵다는 점을 말하고 싶다.

다음은 시 〈엄마 마음〉을 소개한다.

배가 고파도/ 부르다 말하고// 아프면서도/ 괜찮다 그러고// 돈가스 좋은데/ 국수를 먹으며// 며칠 굶어도/ 많이 먹었다// 맛난 것 있으면/ 자식들 먼저// 엄마 마음은/ 언제나 그런가 보다.

—〈엄마 마음〉 전문

엄마의 마음!

부모님을 생각만 해서 가슴이 저려 온다.

부모가 자식 사랑을 "엄마 마음은/ 언제나 그런가 보다" 하고 표현했듯이 인간은 누구나 부모님 생각, 그리고 자식 사랑하며 살아가게 마련인데, 김건일 시인은 그리운 엄마를 시로 표현했지만 누구나 이 시를 읽으면, 어린 시절의 추억이 되살아날 것이다.

다음은 〈아내〉라는 시 일부를 소개하는데, 김건일 시인은 아내를 무척 사랑하고 있음을 이 시를 보면 금방 알 것이다.

전 세계 돌아다녀도
내 집보다 좋은 천국은 없다

= 중 략 =

세계 미인 다 모아 놓아도
아내보다 미인 눈 씻고 봐도 없다

금은보화가 있다 해도
아내보다 더 번쩍이는 건 없다
—〈아내〉 부분

위 시만 보더라도 아내에 대한 사랑의 진폭이 넓고 깊다. 이렇게 간략한 문장과 선명한 시적 정서가 공감을 넓혀 주고 있다는 것이 장점이며, 시적 역량과 이미지 창조가 상당한 단계에까지 이르고 있는 시인이다.

마지막으로 자식에 대한 사랑을 음미해 보자.

긴 시간 헤어져
그리움 바람결에 보냈다

네가 보고 싶어 울기도 했는데
잘 살고 있다니 고맙구나

언제 만날 기회가 될지
천 리지만 마음으로 달려간다

소식 듣고 이제는 안심

구름 타고 날아가 보고 싶구나.

―〈잘 살고 있다니〉 전문

위 시의 4연에서 "소식 듣고 이제는 안심/ 구름 타고 날아가 보고 싶구나."

이 마음이 바로 부모의 심정이다. 옛날, 정겹고 풍요롭게 살던 고향 집에서 자식들 키우며 살던 추억들이 선연하게 보인다.

이처럼 김건일 시인의 시세계를 보면, 실체의 관찰력을 통하여 창안된 시를 쓰고 있다. 어떠한 형틀이나 범위에 구애받지 않고, 어디에도 치우치지 않으며, 독특한 자아발상으로 기술하고 있다는 점이 독특하다.

이번에 김건일 시인이 출간하는 『그렇게 살아가는 거야』의 제3시집은 한국 문학의 한 획을 긋고 넘어설 "동방에 뜨는 새로운 별"이란 시인으로 부상할 것이 분명하다.

2022년 9월 15일

차례

Contents

Contents

Contents

Contents

제4부 _ 친구여

Contents

Contents

제 1 부

엄마 마음

맛난 것 있으면
자식들 먼저

엄마 마음은
언제나 그런가 보다.

황금 손

당신은 황금 손
옥수수 심으면 주렁주렁

부추를 심으면 원기 왕성
사랑을 받습니다

당신은 집안 일으키는
불길, 행복의 씨앗만 심어요

참깨 심으면 통통 꽉
가족 사랑 고소함 집안을 진동

내 가거든 밤마다 꿈마다
찾아오는데, 오래 장수 하라고.

잠

밤이 깊다

잠자는 아내 얼굴 물끄러미
선녀 모습 평화롭다

고단하게 일한 하루
가슴이 들먹이고 코도 곤다

언제 긴 55년을 살았나
아껴 주고 사랑하리라
감사한 마음으로

하루를 산다는 것 바빠서 그런지
오늘도 밤이 좋다
모든 사람이
양으로 돌아가니까.

꽃

봄꽃
아가 꽃

여름 꽃 님과 한몸
불타는 꽃

가을 꽃 우수의 꽃
겨울 꽃 행복한 소록 꽃

참비름

권사님 계실 땐
온 밭에 가득

낫으로 베다 말릴 만큼
무성했었으나

소천하신 후
한 포기도 나질 않으니

신기하다
따라가 하늘 밭에 심었나…….

온몸으로

온몸으로 살지 않았다면
인생을 살았다 말하지 마라

온몸으로 시 쓰지 않았다면
시 쓴다 말하지 마라

온몸으로 사랑하지 않았다면
그런 사랑 말하지 마라

온몸으로 스승을 섬기지 않았다면
제자라 말하지 마라

온몸으로 충성하지 않았다면
목숨 바쳐 충성했다 말하지 마라

온몸으로 장사하지 않았다면
장사꾼이라 말하지 마라.

내 마음

나는 주는 것
당신은 받는 것

내가 부족해도
당신은 받아 주세요

세상 말하지 말아요
그런 사람 알 수 없잖아요

오직 내 사랑만 받아 주세요
두 번 없는 삶 당신을 위하여.

누가

지구도 안을 만큼 따뜻한
마음으로 살아라

바다도 다 마실 만큼
넓은 가슴으로 살아라

누가 무슨 말을 해도
빙그레 보름달만큼 살아라.

선착장

저 멀리 지평선
부 우 웅
뱃고동 울리네

떠난 님
오시려나
그리움 내리네

그 님은 오지 않고
갈매기만 다가와 휘이익
이 한 몸 돌고 가네.

엄마 마음

배가 고파도
부르다 말하고

아프면서도
괜찮다 그러고

돈가스 좋은데
국수를 먹으며

며칠 굶어도
많이 먹었다

맛난 것 있으면
자식들 먼저

엄마 마음은
언제나 그런가 보다.

옥수수

너를 보니 사랑스런 님의
가지런한 하얀 이가 생각납니다

소년 시절 언덕에 올라
하모니카 불던 그때가 떠오릅니다

쪄 놓으면 순식간 한 바구니
시집간 딸이 생각납니다.

그립다

사람이 그립다
아프니까

바람이 그립다
내가 외로우니까

사랑이 그립다
어머니 품에서 자랐기에

고향이 그립다
떠나온 길 아득하다.

마음껏

마음껏 뛰어 보세요
헉헉거리도록

마음껏 사랑해 보세요
눈물 글썽이도록

마음껏 줘 보세요
내게 무엇이 돌아오는지

마음껏 살아 보세요
마지막 날 회한 없도록.

빈 방

옷장도 텅텅
빈 방에 냉장고 두 대
코드를 수없이 고쳤는데
그래도 자주 고장나는데

이상하다
딸 둘이 쓰다
결혼 후
외로워 병 난 건지

주인 없으니
방도 끙끙 앓다
병이 났는지
그래 이제 알 것 같다.

당신은

당신은 아름답고
향기 풍기니
행복의 눈물 흘리세요

당신은 남을 사랑할 줄 알고
베푸는 마음 청춘에
비할 바가 아니세요

젊은 날 못다 핀 꽃 지금
활짝 피어났으니
깊은 강물을 바라보세요.

본향(本鄕) 가는 날

나는
세상 나들이
마무리하고
돌아가는 날

가서
행복한 삶
고마웠다고
말하리라.

가장 쉬운 게 성공이다

상인은 물품 파는 것이 아니기에
물건을 팔면 두 번 다시 손님은 오지 않으니
인격을 팔으면 구름처럼 몰려오리라

스승과 상사(上司)를 섬겨 보면
상장과 성공이 한아름 주어지리라
섬김의 대상이지 토론의 대상이 아니니까

지식으로 살지 말고 지혜롭게 살면
용광로에 넣어 붉은 쇳물에 녹아
흘러내리는 그게 바로 지혜이니라

시인은 시를 쓰지 않는다
자신의 인품을 쓰는 것이다.

누이

젊은 날 서울서 충북으로
발령 받고 일 년을 혼자 살았는데

“젊은 것이 떨어져 살면 안 좋다”는
누이 말씀이
떠나신 후에 생각나는 아침

사랑하는 분들과 함께 사는 것이
흔들리고 부대끼며 아픈 것이
사랑의 모습이니

세월을 나무라지 말고
늘 참고 손잡고 아껴 주며
서로 사랑하면서 사시길…….

그렇게 살아가는 거야

주어진 대로 사는 거야
저 들판에 이름 없는 꽃도
불만 없이 그 자리에서
그렇게 일생을 살지 않는가?

뜻대로 되지 않는다
아파 말고 울밑 꽃 동구밖
오실 님 버선발 기다리며
그렇게 사는 거야

누가 내게 그릇되게 했다
들꽃도 살다 지고 나면
스르르 그만 아닌가
그렇게 사는 거야

몽매하고 무지한 마음
지혜롭고 현명하게
아프고 찢어져도
그렇게 살아가는 거야.

한 송이 꽃

숙녀는 꽃을 들고
신사는 새것을 좋아하기에

지구는 한 송이 꽃으로
어김없이 돌아간다.

꿈

어머니의
치맛자락 붙잡고
응석 부리고 엉엉 울어도

어머니는
매몰차게 뿌리치며
연기처럼 사라지셨다.

제 2 부

너와 나

너와 나 물과 바위로
만났다 하더라도
행복 윤슬 반짝이며 살자

너와 나 힘들고 고달파도
잡은 손 놓지 말고 살아가자.

한

구 남매 두고 아버지
발길 돌아서던가요

어찌 그리 무엇이
차갑고 매정하오리까

일곱 살 막내는 몹시도
원망스럽고 밉습니다

혼자 편하자고 뿌리치셨는데
그곳이 그리 좋던가요

그곳에서 행복하게
살고 있나 묻고 싶습니다.

삶이란 일터

삶이란 일터에 스치는
아카시아 라일락 향기
밝아 오는 희망찬 하루

불끈 힘을 주며 일하면
들판은 나를 부르면서
싱그러운 바람이 흔드는데

이것이 삶이라는 세상
사람들과 웃음도 있고
때로는 보람도 있으리라.

칼자루

내가 칼자루 잡았으니
도도히 굴지 마라

칼날 잡은 사람이
금방 위치가 바뀔 것이니

그때를 생각하여 늘 자중하면
큰 영광과 명예를 얻으리니.

곱게 물들어 가자

곱게 늙었다
마음도 곱겠지

보기 좋다
젊은 날 태운 재

눈송이처럼 아름답다
나도 그렇게
곱게 물들어 가며 살리라.

파도여

너마저 내 아픈 마음 몰라주니
살아가며 받은 상처
처 얼 썩

너는 누굴 때리고 있느냐
못된 짓 하고 사는 그 사람
처 얼 썩

네가 세상 살아가며
정신 차리지 못하니 맞아야 한다고
처 얼 썩

너는 매만 들고 기다리니
다들 세상 스승으로 모시겠다
처 얼 썩.

행복

효도하고 싶어도 눈물로
한탄하는 사람 얼마나 많은가

당신은 마음껏 효도할 수 있어
복 받은 사람입니다.

의자

공원 벤치에 앉았더니
궁둥이가 젖었다

이글거리는 태양
얼마나 목말랐겠느냐

네 푹 흡족한 모습 보니
내가 다 기쁘다.

가을

가을이
가까워지나 보다

참깨 알이 차고
옥수수 수염이 늘어지니

딸도 손자도
먹고 싶은 마음 늘어지겠지

할머니 주고 싶은 마음도
하늘만큼 부풀어 가네.

사랑의 완성

열심히
사랑하라

그리고
유심히 보아라

그리고
견뎌 내어라

그리고
눈물을 흘려라

그리고
한 곳에 동혈하라.

너와 나

흙과 나무로 만났으니
서로 보기만 하여도
사랑하며 살아가자

너와 나
하늘과 땅으로
만났으니 기쁨 주며 살아가자

너와 나 물과 바위로
만났다 하더라도
행복 윤슬 반짝이며 살자

너와 나 힘들고 고달파도
잡은 손 놓지 말고 살아가자.

사랑하는 사람

사랑하는 사람아
내가 너를 기억하며 사노라

사랑하는 사람아
힘들어도 날 기억하여라.

잘 살고 있다니

긴 시간 헤어져
그리움 바람결에 보냈다

네가 보고 싶어 울기도 했는데
잘 살고 있다니 고맙구나

언제 만날 기회가 될지
천 리지만 마음으로 달려간다

소식 듣고 이제는 안심
구름 타고 날아가 보고 싶구나.

지금은

철없던 시절
돌꼇잠 자다가

꿈결 같은
꽃잠 당신과 자고

사느라 노루잠
지금 나비잠 행복합니다.

그렇게 삽니다

모두들 그렇게들 삽니다
어제처럼 오늘도

모두들 그렇게들 사는군요
특별할 것 없이 늘 그날이 그날같이

모두들 해 지면 들고
해 뜨면 나고 그렇게들 살더군요

길 가다 툭 아 오랜만이야
반기며 그렇게들 산답니다

하루의 짐 내려놓고
잠자리에 들며 그렇게 삽니다.

꿈에라도

가신 님 그리워 부르노라
구름 타고 흰옷 두둥실
오시다 멈추지 마소서
내 애타는 마음 아시는지요

님이 그립고 보고 싶어
눈물로 살아 왔었지만
이제 떠나지 마소서 제발
벌써 가시렵니까?

부르다 지쳐 잠이 들었다가
눈 비비며 일어나니
님은 간 곳 없고 바람만 맴도는데
꿈이라도 약속하고 매정합니다.

님

바람 불고 문풍지 파르르
내가 온 줄 아세요

세찬 비바람 창 때리면
내가 온 줄 아세요

바스락 낙엽 흩어지면
내가 온 줄 아세요

창밖 함박눈 내리면
내가 다녀간 줄 아세요

서쪽 하늘 불타고 기러기 날면
내가 떠나간 줄 아세요.

두더지

밭고랑 파다 힘들어
아침에 일어나 보니

남은 것 밤새
대신 갈아 주었다 싹

너무 고맙다
두더지야…….

젊은 날

젊은 날
제대로 살았다면
노년을 두려워하지 않으리라

젊은 날
제대로 살아 왔다면
내일을 두려워하지 않으리라

젊은 날
꿈 활짝 펼쳤다면
황혼 웃으며 저 언덕 오르리라

젊은 날
후회 없는 연기 했다면
무대 내려옴 두렵지 않으리라

젊은 날
사랑을 꽃 피웠다면
중생을 사랑하며 살아가리라.

날개를 달자

겉이 늙었지만
마음만은 늙지 말자

나는 소년으로
너는 소녀로

그렇게 마주
웃어 주며 날개를 달자

다시 응아~ 소리 듣도록
많은 사람 기쁘게 하며 살자.

둘

둘이 하나 되라고
빼빼로 데이
둘이 앉아 마주보며
웃으라 상다리 둘

젓가락 하나 외로워
두 개 놓지 않았나
당신과 나 함께 이루려고
사랑을 주지 않았나

둘이 곤히 잠들면
천지는 꽃도 열매도 맺고
잡은 손 놓지 말고
끝날 때까지 걸어가야지

첫날 내 입으로
당신께 말했던
그 언약 지키리다.

별과 구름

별은 낮에도 꿈을 꾼다
꿈을 가지고 쉼 없이 걸으라

밤에는 별이 반짝이니까
목표 잃지 말고 소신껏 걸으라

누구에게도 별은 속삭이니까
힘든 고난 힘차게 극복하며 걸으라

소중한 별 가슴에 간직하며
뭉게구름으로 피어나도록 걸으라.

제3부

사랑의 변주곡

내 속이 썩어 문드러져도
당신 위해 웃으렵니다

마지막 그 순간까지
고운 모습 그대로 지키렵니다.

웃어라

엄지발가락으로
볼펜 집으니 잡히지 않아
두 번째 발가락으로 잡혔다

그렇구나, 하고
서로 웃었는데
웃을 일 있어서 참 좋았다

달님도 눈부시게 웃고
별은 총총
지구도 웃었으면…….

아버지

법이 울고 간
아버지

이젠 나도
아버지

지구는
꽃 질 날 없어라.

사랑의 변주곡

내 속이 썩어 문드러져도
당신 위해 웃으렵니다

마지막 그 순간까지
고운 모습 그대로 지키렵니다.

삶의 축복

아프지 않고
가는 삶이 어디 있으며
흔들리지 않고
어찌 사랑이 깊어질까

넘어지고 자빠지며
무릎이 벗겨져 붉은 피 흐르고
뒹굴 때 힘들어 포기하고 싶을 때
천만 번 왜 없겠느냐

한없는 축복을 두고두고
고통 없는 삶 무슨 재미로 살까
우리에게 괴로움이 있었기에
금자탑이 더욱 빛나지 않는가.

꽃과 나비

남편이여!
단 하나 사랑으로 감싸주어라

아내여!
우러러 끄덕여 주어라

밥상이 풍성해지고
어깨에 힘이 들어가며

가정은 꽃피고
하늘도 단비로 축복하리라.

애타는 사랑

파도여!
너는 밤낮 울기만 하는지
못다 한 사랑 세상에 두고 왔구나

떠난 사랑 산산이 부서져
그리워 밤을 지새우며
날 보고 외쳐 대는구나

부서지는 파도에
몸을 던져 봐
나도 산산이 부서져
너의 품에 안겨볼 테니.

너는 꽃이다

꽃은 웃고 있지만
마음이 아프다

웃기만 하라지만
그래도 웃어야 한다

힘든 세상에
향기 피고 지며 웃음 준다

네가 있어 세상 살아갈
용기가 생기며 힘을 얻는다.

참깨 꽃

당신과 나
장미꽃보다
이젠 고소하게 살아요

늦가을 인생
녹두꽃 바라보니
참깨 꽃이 더 진지하네요.

모기

마음껏 날아다니는
나비가 되고 싶나

평일 의자 밑 몰래
다리 피 빨더니

그렇다고 네가 어찌
될 수 있으랴

돼지 목에 진주
공주가 될 수 없듯이

에어컨 의자 밑에
숨어 사는 모기.

한마음

너와 나 우열 말고 비금비금
뭘 그러나 손잡고 의좋게 살자

너나 나나 한세상 사는데
마음 서로 열고 정답게 살자

사랑으로 맺은 너와 나의 인연
세상에서 부러움 받도록 살자.

위력

돈만 있으면 처녀
불알도 살 수 있겠고
돈만 있으면 배 속
아기도 금방 으아앙

돈만 있으면 멍멍
진사 대접받으며
돈만 있으면 귀신도
부리며 떵떵거린다

돈을 좇다 놓치고
인격도 팔아 버리지만
돈만 있으면 태산도
원하는 곳에 옮겨 놓는다

돈 두 얼굴을 가졌다
천사와 악마의 얼굴로.

어제는

어제는 관목 아래서
그대와 거닐었네

나는 돌며 숨바꼭질
그대를 안고 빙 돌았네.

가시

말 속에
생선에도
꽃에도

나도 살짝 꽃을 피웠네
너도 그럴 테지.

흐르는 시간

세월을 앞세웁시다
슬퍼하지 맙시다
세월이 날 데리고 앞에 간다
세월이 울고 가게 삽시다

후회 없도록
땀 흘려 삽시다!

세월을 앞세웁시다
세월을 이깁시다
시원하게.

잡은 손

너와 내가 만남도
외로워서였고

가지에 앉아 우는 새도
짝이 그리워

태양도 떠오르며
너를 보고 웃지 않는가

너와 나 맞잡은 손
인생길 종점까지…….

들꽃

바람도 불지 않고
너는 온몸으로 흔들고 있구나

그래 피를 토해 내듯 외치는 모습
분명 너는 꽃이니라

누가 널 보고 꽃이 아니라 하더냐
꽃이 널 그랬구나
아니다, 분명코 꽃이니라.

머리끄덩이

그대의 사랑이
내려온다

저 백두산보다
낙동강까지 풍족한

사랑의 물로
대지를 감싼다.

노파

젊은 날 다 가고
벤치에 앉아서
숨을 가쁘게 쉬고 있다
곧 머잖은 날 오리란 것을

떨어지는 낙엽
차곡차곡
잠들어 간다
곧 나도 낙엽이 되리라.

몫

한 번뿐인 삶 주어진 사명
지구를 짊어져도 힘들지 않은 것처럼

외로울 시간 어디 있나
앞으로 열심히 살아가야지 가야지

사랑하면 울 시간 어디 있나
삶 사랑하며 살아가야지

꿈꾸며 저 하늘 별보며
걷고 걸어가다 보면 길이 보이지

슬픔에 잠겼지만 박차고 일어나
주어진 몫으로 감사하게 살아가야지.

헤어질 시간

잊어버립시다
지난 사랑 고이 접어
앨범에 세월을 묻어 두고

잊어버립시다
눈물로 노 저었던 그날들

잊어버립시다
인생길 자국마다 흐른 땀방울

웃어 줍시다
저 펄럭이는 깃발 향해

이제 잡은 손 놓읍시다
곧 헤어질 시간이 다가오니까.

채찍

둔마에게 채찍을
가한다고 준마가 되지 않는다

세상 채찍 맞고
너무 아프게 생각 말고
꽃으로 피리라.

제4부

친구여

카톡 카톡
언제나 아침 깨우며
하루를 알리며 새롭게 출발

카톡 카톡
저 별처럼 내가 힘 얻도록
길 펼쳐 주는 친구여

손길

나는 당신의 손길 없이
꽃을 피울 수 없어요
나는 꽃입니다

나는 당신의 손길
없이 세상 살 수가 없어요
나는 사랑입니다

나는 긴 터널을
당신 없이 지나 수 없어요
나의 보호자는 당신이니까.

오월

눈부신 아침
밝아 오는 태양 희망찬 하루
일터로 나갑니다

사랑하는 사람과
대문을 나서면 오월의 바람이
이마를 스칩니다

땀 흘려 일하라고
들판은 나를 부르며
싱그러운 바람이 나를 흔듭니다

까치와 황새들
논물 들어가는 소리
아아! 계절의 여왕이여.

의자

내 마음에 의자 하나
두고 살자

세상 향해
달려가다

지쳐 쓰러질 때 잠시
나무 그늘 아래 쉬었다 가게.

저 언덕

목적 있는 고통은
그 어떤 것도 견뎌 낸다
기쁨이 있기에

얼굴 비 오듯 흐르는 땀
쓰윽 한 번 훔치면 시원하다
목적이 있기에

골고다 저 언덕 십자가도
목적이 있기에 지고 갈 수 있다
천국이 있기에.

좋은 사람

인생이란 쓰다
그러나 씹고 씹으면
그 어떤 캔디보다 달다

그러기에
오늘도 길을 나선다
좋은 사람 만나러 걷는다.

어찌 그리 고운지요

투박하고 거친 손
쇠스랑 호미 향기 배었네요

민들레 꽃잎보다
더 후하고 곱상한 손

아기의 천진한 주먹손
소녀적 수줍음 그때보다

짊어지고 이고도 끄떡
천둥이 땅을 쪼개던 손

복수 꽃 필 적에
씨감자 고랑 다듬던 손

거북등 쩌억 비단결
그때보다 어찌 그리 고운지요.

주인님 떠난 밭

긁어 주고 들춰 주고
사랑해 주었던
그때는 사랑만 흠뻑
내 가슴엔 언제나 주렁주렁

그러나
지금 울고만 있으니
가슴에 잡초 무성한데
주인님 계신 곳 어디에 있나.

복덩어리

고생고생 살 만하니 '암덩어리'
그러나 내게 자유 주어
세상 건너 살게 하네

이 시간이 내겐
기쁨 행복 복덩어리
주렁주렁 앞길에 내려오네

지금 이 시간
내 길 정해졌으니
행복을 살다 가리라

돌아볼 삶이 남아 있으니
구름 꽃 타고 웃으며 가리라.

어머니

엄마 아빠
살 속 태어나
형아 아우야

우리 한 젖 먹고 자랐으니
딴마음 먹지 말고
한세상 한마음으로 살아가야지.

감사를 모른다

눈물로 밥 말아서
울먹이며 목으로 넘겨야
감사함이 무엇인지 아는데

호의호식 감사를 모르고
당연 오히려 투정을 부리고

알 수 없는 부류 시끄럽게
인간답지 않은 짓을 하며 살지만

감사하라
감사는 행복의 씨앗이니

아내가 차려준 밥상
깊은 감사! 가슴으로 미소 짓기를.

술

병 고치는 약이라고 한 잔 술이
30년 쌓은 공 일생 망치게 했구나

하나님도 백 가지 약 중 최고의 약
약으로 쓰라 했지 마시라 하지 않았다

위로 마시라 했건만 아래로 마셨나
무식하다 못해 무지한 너의 인생

그러려고 땀 흘려 공인으로 살았는지
남은 인생 피눈물 바라보며 살아갈 길 아득하구나.

아내

전 세계 돌아다녀도
내 집보다 좋은 천국은 없다

세상 음식 다 먹어도 아내가
해 주는 것보다 맛난 것 없다

세상 지붕 기웃거려도
내 집 요람 눈 씻고 봐도 없다

세계 미인 다 모아 놓아도
아내보다 미인 눈 씻고 봐도 없다

금은보화가 있다 해도
아내보다 더 번쩍이는 건 없다

꽃이 아름다워도
아내보다 향기로운 꽃 없다.

초청

순진한 아이 마음 가져라
세상 먼지 다 털어 내어라

아이 마음 그 님께 매달려
애원할 자격 있느냐

천상의 집으로 아장아장
걸어갈 준비해 두었느냐

아이가 아니면 웃으며 가지
못하고 부르지도 않으리라.

맛

아내 없다면 적적해
무슨 재미로 맛을 내며

매미가 울지 않으면
여름 맛을 알 리가 있을지

축제는 삶의 고명 없다면
살아가는 맛이 날까

구름 둥둥 꿈을 싣고
결실의 맛을 내며 흘러가는데

살아가다 쉼이 없다면
인생 소중한 맛을 모를 것이며

어디를 가나 존재의 맛을 내며
걸어 걸어 뜨겁게 살아 볼까.

말

말하지 마라
입을 나에게 주셨다

말 곱게 하라
신은 입을 주지 않았나

좋으면 이보다
세상에 좋은 것 있을까

아홉 번 생각하고
한 번 말 하나 주셨다

작은 입이 몸을 망치기도
하늘 복 다 받기도 하며 살아간다.

널 믿고 산다

그러냐?
잘했다

정말 네가
최고다

내가 널 믿고 사니
이제 힘이 난다.

그런 게 아니란다

세상은
그런 것이 아니란다

네가 가는 길
살아 보아야 안단다

알 수 없으니
가 봐야 안단다

나도 그랬단다
너도 가 보아라
그러면 알 듯도 할 것이다.

길섶

무수한 차량들
스치는 손길
오가는 발길에 밟히고
상처가 많구나

웃고만 있으니
그래도 넌 꽃이기에
나도 웃으며
살아가리라.

친구여

카톡 카톡
재잘재잘 햇살
반갑고 정다운 친구여

카톡 카톡
인생길 가다 쓰러지면
내 손 잡아 줄

카톡 카톡
언제나 아침 깨우며
하루를 알리며 새롭게 출발

카톡 카톡
저 별처럼 내가 힘 얻도록
길 펼쳐 주는 친구여

카톡 카톡
멀리서나 가까이
고운 목소리 힘주는 친구여.

쨍그렁

멀리서 보면
아름답고
고개 숙여 보면
애잔하다

다가가 꺾으면
서럽다 눈물
사기 그릇
쨍그렁 그 눈물 어이할까.

한 사람

군중에게 박수보다
한 사람에게 사랑받으면
가장 행복한 사람

한 사람을 목숨 걸고
사랑했다면 당신은
세상을 가진 최고의 부자

한 사람 손 꼬옥 잡고
눈 감으면 당신은
천국을 가진 행복한 사람.

제5부

모란이 지면

모란의 계절
네가 지면은
나는 어이하나

뭉턱뭉턱 네가
그리운 님 발자국 떼듯
그렇게 떠나가는구나

접시꽃

곱게 키운 딸
꽃가마 타고
시집간다

연지 곤지 찍어
님에게
내 타는 마음
안겨 주리다.

네 삶이 가련하구나

구름 같은 인생사가 그른 짓
그렇게 살 수밖에 없었던가

햇살 비단결 어디 가고
그렇게 살다 간단 말이냐

허물 다독여 어루만지며
인생사 살아가면 좋으련만

그래 네 갈 길 그것뿐이면
어쩌랴! 그리 그렇게 해야지.

유통기한

음식 유통기간 지나면
음식물 봉투 담아 버리지만

사랑은 유통기한 지나야
깊고 진한 사랑 더 길어진다

친구는 오랜 교제로 알 수 있고
믿음은 유통기한 늘린다

수명 유통기한 장마
비와 같아서 오락가락한다.

그래 곱구나

네 모습 떠올리면
나는 힘이 난다

잊지 않고 네 모습
기억하며 살고 있단다

헤어져 있어도
봄꽃으로 살아가자

힘든 세상 살아가며
목소리 들으면 힘이 절로 난다

세월 가도 변함없이
고운 모습 보며 살고 싶구나

보고파 몸부림치면
뒤집듯 바람 타고 달려가리라.

또각또각

예쁜 마음은
다듬은 파처럼 하얗고

위 보면 희망과 꿈
아래는 백옥 같은 비단결

글도 삶도 아름답게 다듬어
곱고 곱게 살아요

아침 해님 바라보며
웃으며 밖에 나가 봐요

마음은 살랑, 미소는 가득
걸음 또각또각 걸어 봐요.

비

병아리 눈물
냥이 세수할 만큼

바위 뚫을 만큼
똑똑 처마 밑 들일 만큼

천장 세숫대야 들릴 만큼
님 눈물 받을 만큼
비포장 먼지 나지 않을 정도
눈물 콧물 비빌 만큼.

주홍 글

허물없는 이 누가 있으랴만
다독이며 아프게 하지 맙시다

눈물 배 세상 와서 거두고 가야지
가득 싣고 가려 하지 맙시다

내치면 너 나 모두 불행이니
그렇게 살다 가지 맙시다

행복 품으며 살면 좋은 일이니
죄는 미워도 남을 미워하지 맙시다

뉘우침 없다면 괘씸하지만
그래도 최대 복수는 용서랍니다.

바람으로

내가 그립거든
창문을 열어 보아요

살랑 그대 곁에
소리 없이 멈춰 설게요

향긋한 머릿결
쓸어 올리며 바라볼게요.

비빔밥

채소로 그릇에
사랑을 담고 고추사랑

골고루 맛있게 넣어
참기름도 한 숟갈

하루 저녁의 인생
비빔밥 행복 떠먹으며

어둠이 내리는 길
잡은 손 내리고 배웅.

지금은

내 젊은 날 발령받고
낯선 타지에 도착
서울, 충북, 충남 등
그렇게 임지 옮겨 다닐 때마다
아내는 어린자식들과 함께

어디를 가든 내조를 잘했는데
지금 노년에 와서야
아내를 위해 직장 잡으니
뭉게구름 피어나듯
가 버린 날들 눈부시게 그립다

헌신적으로 살아왔으니
이제 남은 여생 바라보며
하는 일에 발길마다
웃음꽃 노을 길 걸으며
머슴처럼 섬기며 살리라.

시 그늘에서

피 토하듯 시를 써 보면서
세상 그늘에서 쉬어 보리라

그 누가 날 안겨 주든 말든
넓고 너른 품에 안겨 좀 누려 보자

붉은 핏덩이 쏟듯
그 의지 펼쳐 보리라

삶이 다하는 날 날개 접고
영원히 잠자듯 꿈결 걸어 보리라.

꽃을 심자

내가 서 있는 곳에 나를 심고
그곳에 꽃을 피워서

외롭고 불쌍한 사람들
뿌리박지 못하는 부평초

세상 사람들 살려 내는
거름으로 사는 길 살아가며

그 인생 얼마인가 느끼며
내 가슴에 꽃을 심어 보자.

행복의 비밀

아버지는 매, 어머니 회초리
경쳐 울어 보셨나요?
나는 사랑 듬뿍 받은 사람입니다

부모 슬하에 다투고
서러워 울고불고해 보셨나요?
나는 단란한 가정에서 자랐습니다

당신은 비 오면 우산 받고
기다린 어머니가 계셨나요?
나는 보배로운 사람입니다

일생 단 한 번 보는 게 소원인
가족 바다에 가 보셨나요?

나는 부모님 슬하에
황혼에 행복을 받은 사람입니다.

그냥 삽시다

왜 사는지 궁금해도
그냥 삽시다

주어진 삶 들길 걸으며
그냥 사는 겁니다

해가 뜨고 지듯이
그냥 자연에 묻혀 삽니다.

뜻을 이루다

호롱불 반딧불 촛불에
눈 비비며 뜻을 세웠노라

눈빛에 창문 열어
책 읽고 쓰며 공부하였노라

달빛에 눈을 뜨고
혼신으로 책과 씨름하였노라

살기 위해 공부하고
한길 걸으며 인생길 걸었노라

별빛에 책 덮고 꿈꾸고
태양을 바라보며 웃었노라.

뭐 하나

얼굴이 동안이면 뭐 하나
마음이 꿈꾸는 삶이어야지

피부 고우면 뭐 하나
마음이 고와야 으뜸이지

재산이 많으면 뭐 하나
베풂이 많아야 행복하지

꽃밭에 앉으면 뭐 하나
마음이 고와야 웃음꽃 피지.

짧고 길다

사랑은 짧으나
그리움은 길고도 길다

고통은 짧으나
행복은 꿈결처럼 길다

어머니 사랑은 짧으나
애타는 마음 너무나 길다

수원지는 짧으나
물길은 한없이 길고 길다

결혼 기간은 짧으나
인생길 잠시 벅차고 길다.

인생길

길을 걷는 사람 셋
한 사람은 나의 스승
세 살 먹은 아기도
나의 스승이 될 수 있다

사람은 일생 일곱 수레의
책을 읽어야 한다는데
좋은 책 하루 읽지 않으면
입에 가시가 돋는다

책 한 권 읽은 사람
열 권 읽은 사람과 다르듯
서로서로 손잡지 않으면
인생길 헤매며 멈추고 만다.

그날이

기왕 다홍치마 버리고 갈 것
베풂 그것도 버림이 아닌가

말은 그렇게 해도
자꾸 꼭 쥐고 사는 마음

한 번 해 보다 보면
한 번이 두 번 세 번

그러노라면 웃은 날과
기꺼이 반겨 주는 그날이…….

모란이 지면

모란의 계절
네가 지면은
나는 어이하나

뭉턱뭉턱 네가
그리운 님 발자국 떼듯
그렇게 떠나가는구나

눈물로 가고 나면
내 서러움 도려 낸 자국
이제 어이하라고.

역할

군인도 지휘자
밑에 부하들 움직이듯
호랑이 소싸움 할 때
주인이 지켜 보면 이긴다

태양 아래 사람들
시끌벅적 살아가듯
나라의 대통령 말에
국민이 편안하고 행복하다

한집안에 가장
온 가족이 단란한 화목
남편이 중심 잡아야
집안이 평화롭고 화목하다.

꽃

아기는 꽃
아니야

너도
꽃이란다

그러고 보니
나도 꽃이었네.

김건일 Ⅲ시집

그렇게 살아가는 거야

초판 인쇄 2022년 9월 20일
초판 발행 2022년 9월 30일

지은이 | 김건일
펴낸이 | 김효열
편　집 | 이미정

펴낸곳 | **을지출판공사**

등록번호 | 1985년 2월 14일 제2-741호
주　　소 | 서울시 마포구 양화진길 41, 603호
우편번호 | 04083
대표전화 | 02) 334-4050
팩시밀리 | 02) 334-4010
전자우편 | ejp4050@hanmail.net

값 13,000원

ISBN 978-89-7566-213-3 03810